빛의 안쪽

끌림 詩集 006
빛의 안쪽

2025년 10월 20일 초판 1쇄

지은이　이춘자
펴낸이　김영태
펴낸곳　도서출판 끌림
책임편집　김한결

출판등록　제2022-000036호
주소　대전광역시 서구 대덕대로 325, 스타게이트빌딩 471호
전화　0502-0001-0159
팩스　0503-8379-0159
전자우편　kkeullimpub@gmail.com

공급처　한국출판협동조합
전화　02-716-5616
팩스　02-716-2999

ISBN 979-11-93305-25-6 (03810)
값 12,000원

ⓒ이춘자 2025

* 이 책은 저작권법에 따라 보호를 받는 저작물이므로 무단 전재와 복제를 금합니다.
* 잘못 제작된 책은 바꾸어 드립니다.

끌림 詩集 006

빛의 안쪽

이춘자 시집

끌림

시인의 말

오래도록 빛을 바라보았다.
그러나 더 오래 머물렀던 곳은
그 빛이 스며드는 안쪽의 침묵이었다.

눈부심이 아닌 고요 속에서,
찬란함이 아닌 낮은 숨결 속에서
비로소 생명의 언어가 들려왔다.

이 시집은 그 안쪽의 자리에서
길어 올린 기도의 언어이다.

사라지는 것들과 머무는 것들,
그 사이에 놓인 빛 하나를
시로 붙잡고자 했다.

2025년 가을 이춘자

차례

시인의 말 ——————————— 005

1부 · 빛이 시작되는 자리

별빛	011
묵주	012
목련	014
첫 숨	015
봄 언덕	016
산들바람	017
개나리	018
침묵	019
벚꽃	020
술래잡기	021
바람의 발자국	022
민들레의 속삭임	023
청산길	024
하늘정원	025
녹차밭	026
초록의 숨결	027
신은 어디에 있는가	028
구름 나그네	029

2부 · 손끝의 온기

보고픈 어머니 ——————— 033
어머니의 밥알 ——————— 034
어머니의 손맛 ——————— 035
화투의 기억 ———————— 036
내 대녀 ——————————— 037
마늘정원 ——————————— 038
가족 ————————————— 039
빛으로 메우는 자리 ————— 040
닭백숙 ——————————— 042
송엽국 ——————————— 044
미나리 행진곡 ——————— 045
길잡이 ——————————— 046
들꽃 노래 ————————— 048
물안개 핀 대청호 ————— 050
유월의 꽃편지 ——————— 051
코스모스 노래 ——————— 052
가을 기도 ————————— 054
신록에 깃든 삶 ——————— 056

3부 · 그림자 너머의 평화

그집 앞	059
기다림	060
술래 꽃	061
마지막 손짓	062
속삭임	063
바람 나그네	064
메아리	065
그리움	066
바람 타고 가네	067
화장터에서	068
노을	069
졸음	070
향수	071
산 바캉스	072
여름 잎새 바람	073
들꽃	074
배롱나무	075
우주를 품은 별빛	076
평설 신앙의 숨결로 끌어올린…	077

1부
빛이 시작되는 자리

별빛

별빛은 밤의 이마를 가르고
새싹은 그 빛에 몸을 기울인다

눈동자의 불씨 하나
푸른 떨림으로 길을 밝히고

우리는 닫힌 문을 두드린다
걸음마다 번지는 울림이
어둠을 밀어내며 열린다

네가 지나간 자리마다
숨결이 머물러
다시 길이 된다

묵주

하늘과 땅이 맞닿은 틈새
세상의 소리가 스며들어
찬미의 울림으로 번진다

기도는 씨앗이 되어
빛을 마시는 잎맥으로 자라나고

묵주에 맺힌 숨결은
천상의 빛을 건너
두 세계를 잇는 다리가 된다

겹겹의 손길은
구름 위에 번지는 노래가 되어
영혼을 밝히고

빛은 하늘과 하나 되어
눈물의 자리를 옮겨 심으며
꽃을 피운다

기도의 숨결은
끝내 사랑으로 차올라
영원을 향해 흐른다

목련

바람 소리에 고개를 갸웃하니
보름달이 웃음 속에 잠긴다

앵두 봉우리 언덕에 앉아
손짓하면 아지랑이 길을 잃고

목련의 환한 숨결
돛단배 띄운 물결은
산천을 한 폭의 그림처럼 껴안는다

향기의 그리움은 고향을 품고
메아리는 흘러 대지를 흔들며

어린 날의 웃음 속에서
세월의 무거운 그물을
천천히 끌어올린다

첫 숨

꽃잎에 말을 건네면
미소가 번지고

바람에 속삭이면
하늘은 길을 열어 준다

사랑 속에 심은 꿈은
빛을 따라 호수에 비치고

산들바람은 흔들리며
저녁노을을 고이 안는다

봄 언덕

활짝 터진 봉오리
들판과 골짜기를
한꺼번에 끌어안고

달콤한 내음은
환상처럼 부유하며
하늘빛에 걸린다

호수에 비친 꽃 그림자
창공까지 번져 오르고

구름은 시냇물 속삭임에 젖어
동산을 감싸안은 채
머나먼 길로 흘러간다

산들바람

고이 잠든 들녘 위로
눈이 소복이 내려
꽃나비의 꿈을 불러낸다

구름에 스민 햇살은
기슭에 몸을 웅크리고

놀이에 취한 산들바람
하얀 속살을
살짝 열어 보인다

개나리

노란 날개 위로 피어난 빛
세월은 안개 속 메아리로 흩어진다

구름 따라 흘러간 꽃 몽울
돌다리에 앉아
잃은 시간을 그리워한다

꽃바람은
사랑의 결로 맺히고
흐르는 그림자를 남긴다

노을은 반짝이는 여음이 되어
시냇물 도란거림에 젖고
아지랑이는 꽃동산 위로
행복을 띄운다

침묵

꽃바람에 스민 침묵
봄 눈꽃은 어디로 스러질까

가지 끝에 앉은 꽃눈
솜털 같은 숨결이 내려
낮과 밤을 뒤섞는다

바람이 불어오면
그도, 나도
잠시 하나의 소망이 된다

촛불 하나 피어올라
마음 깊은 곳을 지킨다

벚꽃

꽃봉오리 날개를 펼쳐
달빛 아래 술래잡기를 한다

못 잊은 마음들이 모여
행진을 이루고
웃음은 은구슬처럼
저녁 하늘에 흩어진다

피어오른 봄의 향연
산 능선의 안개가
세상을 하얗게 감싸고

뭉게구름 머문 개울가
바람은 꽃 날개가 되어
발걸음을 재촉한다

술래잡기

환한 빛이 되어
바라보던 그 모습
겹겹이 맺혀 한마음이 된다

구름 흐르는 아래
벌과 나비가 뒤엉키고

꽃 너울이 싸릿문을
살짝 열어주니

봄 동산은 머뭇거리다
술래잡기에 바쁘다

바람의 발자국

가슴에 스민 별빛
설렘이 먼저 다가온다

바람은 피리의 숨결로
빙글빙글 길을 돌린다

웃음이 터져 나오자
풀잎이 장단을 익힌다

하늘 품은 발자국
머무르지 못한 채
투명한 길로 흩어진다

민들레의 속삭임

노오란 얼굴
달빛 같은 눈동자를 품고

햇살이 꼭 껴안으니
샛바람은 구름을 부르고
노랑나비 한 마리 날아든다

속삭이는 민들레
풀섶에 풀어놓은 기도는
하늘로 번져 오른다

청산길

유월 하늘 아래 청산길
옥수수는 살랑이고
밤꽃은 머리칼처럼 흘러내린다

구불구불 달리는 시골 버스
웃음 손짓에
뒹굴뒹굴 보따리도 춤을 추고

모내기 끝난 논은
싱그러운 풀 향기를 품는다

논두렁에 선 황새
겅중대다 이내
긴 다리 갸우뚱거린다

나풀나풀 하지감자
길손 붙잡으면
평화와 행복이
청산 가득 번진다

하늘정원

숲속에 나온 보름달
웃으며 바람을 깨우니
구름이 살랑인다

은빛 물결 반짝이며
다리 아래 모여 오르내리고
초록 정원을 하늘에 심는다

냇물은 고개를 갸웃
기지개 켜듯 흘러가고

산들바람은 가지에 앉아
송송 흐르는 물방울을
삶의 터전으로 틔운다

녹차밭

짙은 녹음
구불진 들판에 하늘 줄을 드리우고

초록은 냇물을 꿀꺽 삼켜
아득히 번져간다

고랑마다 푹 젖은 실록
돌마루에 평온을 새기며

비탈의 터널을
굽이굽이
사르락 치드락
뚫고 간다

초록의 숨결

풀잎은 산들바람을 깨워
둘레둘레 유월을 부른다

초록의 숨결
산 멍울 줄기를 하늘에 이고
강물을 풍덩 안아

신록의 산천을
살랑살랑 나르며
내게 송두리째 안겨준다

신은 어디에 있는가

주님의 발 아래
오체투지 하던 늙은 수행자

새 신靴에 밀려
구석에 쭈그려 앉아 있다

한평생
하늘을 모르고 살아도

낮게 엎드려 쓰임 된
온전한 신神

그대
한 번이라도
생각해 본 적 있는가

구름 나그네

들녘 술래 뜀틀 위로
뭉게구름이 흔들리고

달콤함을 깨운 한낮
온통 풍요의 설렘이 번진다

속삭임은 샛바람을 불러
신명 나게
구름은 나그네로 떠난다

2부
손끝의 온기

보고픈 어머니

논밭일에 쌀과 보리 찧어
자식 키우신 어머니
일은 곧 벗이셨다

이른 봄, 이른 새벽
구불길 산 넘고 언덕 넘어
해망동 선창가로 향하시던 걸음
서대 껍질을 벗기러 가셨다

한나절 후 돌아오셔
껍질 벗긴 서대를 가마솥에 푹 삶아
묵을 쑤어 주시던 따스함

그 애절한 사랑
다 전하지 못한 그리움은
지금도 동동 떠올라
쓴 방울로 맺히니

어머니의 밥알

열네 살에 시집 온 어머니
시어머니는 먹을 것도 주지 않아
굶주림 속에 한숨을 삼키셨다

배고프면 물 한 컵으로 끼니를 대신하고
쌀 한 톨, 밥알 하나도 귀하다 하시며
허기진 날들의 서러움을 말씀하셨다

고단한 삶을 인내로 견디며
자녀를 끝내 사랑으로 품으셨다

"죽으면 썩어 없어질 육신,
아끼지 말고 움직일 수 있을 때까지
부지런히 살아라"
남기신 말씀

밥 한 알은 어머니의 삶의 터전
김 모락 오르는 따뜻한 밥은
오늘도 그리움으로 남아 있다

어머니의 손맛

하늘처럼 맑고 총명하며
인내로 가족을 품으신 어머니

된장 고추장 노랗고 빨갛게 익혀
손끝에 묻은 짭조름한 맛을
살짝 보이시던 웃음

텃밭 상추가 나풀거리면
앞마당 물로 헹궈
쌈을 입에 폭 넣어주시고
흐뭇한 눈빛으로 바라보며
등을 다독여 주셨다

어릴 적 배고픔을 견디시고
서러움과 고달픔을 참아가며
쌀 한 톨 마련의 교훈을 남기셨다

그 모든 삶은
알콩달콩 사랑으로 남아
지금도 내 마음에 떠 있다

화투의 기억

철부지 아이
몸 약해 늦게 학교에 들어가
맹한 눈빛으로 앉아 있던 나

어느 날, 등굣길에
이웃 친구와 언덕 마을 친척 집에 들러
화투 놀이에 푹 빠졌다

저녁노을 짙어질 무렵
정신이 번쩍
책 보따리 어깨에 메고 달려왔지만
집에 닿은 나는
결석 도장 찍힌 아이였다

그날 이후
화투는 회심의 불씨 되어
휴지통 속에 던져지고
나는 어머니의 성실하고
착한 딸이 되었다

내 대녀

얼굴은 둥근 달빛
몸매는 동실동실
꽃을 사랑하는 여인
누가 보아도 복덩이 내 대녀

삶의 흔들림 속에서도
외나무다리 한 발 한 발
굳세게 건너온 마음

그 몸고생은
주님 만남으로 바뀌어
오색 구슬처럼 반짝인다

마늘정원

남새밭에 내린 비
껍질을 벗고 줄지어 누운 마늘
누구의 미각을 깨우는가

하얀 몸매 불쑥 내밀고
탱글탱글 단단한 자태
누가 너를 이기랴

푸른 머리 두른 새싹
얄쌍한 키로 자라
땅속 깊이 숨은 몸은
입맛을 돋우는 명약이 된다

산천 아래 자랑거리여
너는 사람을 낚고 땅을 사랑하며
하늘엔 감사의 빛을 던진다

너의 향기
천지에 가득 번진다

가족

그림판 위에 주렁주렁
이어지는 빛의 속삭임

하늘 아래 둥근 달은
오월의 향기로 반짝이며 설레고

삼라만상의 따스한 웃음은
꿈을 실은 사랑이 되어

품 안의 보물처럼
찬란한 빛으로 다가온다

빛으로 메우는 자리

뭉게구름은 세월의 주마등을 안고
꿈과 희망을 실었으나
이마 주름은 불안으로 뒤숭숭했다

그대는 그림자처럼 감시하는 눈빛
돌아보면 내 삶은 망부석처럼 굳었다

안개가 세월을 덮어도
마음은 살아 있어 내달리고
치닫는 앙상블 같은 존재

돌아보면, 그 모든 세월
턱을 오르내린 사랑이었다

검은 머리 파뿌리 되도록
그는 그림자, 나는 꽃
사랑을 심으며 살았다

숱한 세월 이열치열 견디며

공작처럼 날개를 활짝 펴고
만고풍상의 자리를 익혔다

얼그렁절그렁
한 발 한 발 내디디며
찬란한 빛으로
인생의 자리를 메운다

닭백숙

파란 하늘, 삼복더위에 달아오르고
지상은 쟁쟁한 햇빛으로 소란을 피운다

나른한 걸음, 터벅터벅
헐떡이는 가슴은 바람을 불러낸다

닭 한 마리
백숙 재료 바구니에 너그럽게 담으니
대파 마늘 황기, 춤추며 피리 분다

뽀얀 살결 속에 재료를 싸매어
솥 안에 풍덩 넣으니
솥뚜껑은 노래 부르고
김은 모락모락 입맛을 돋운다

삶은 몸체, 국물 가득
그윽한 향기 집안을 감돌고
군침은 웃음 되어 번져간다

붉은 저녁노을
가족의 밥상에 찾아와
보양식은 사랑으로 익어간다

송엽국

태양을 닮은 꽃잎
말 없는 바람에 웃으며
돌 틈 잔디밭에 피어난다

한 줌 햇살에
가슴 설레고
빈자리는 편지로 메워진다

해 뜨는 데서
해 지는 데까지
소리 없이 내려앉은 그리움

금빛으로 치장한 햇살
살며시 다가와
빗물에 젖은 꽃에
속삭인다

미나리 행진곡

물가에 뿌리내려
햇살을 일으켜 세우고
야심차게 바람에 흔들린다

곱게 뻗은 줄기
푸른빛을 마셔
강물에 취해 생기를 얻는다

파릇한 잎새를 안아
가슴에 품으니
향기는 노래가 되고

미각은 싱글벙글
향긋한 숨결은
봄빛처럼
내 삶을 채워준다

길잡이

따르릉 찌링찌링 알람 소리
고요한 잠을 흔들어 깨우며
하루의 시작을 알린다

메시지 뉴스 카톡은
세상을 여는 첫 창
손안에서 반짝이는 애장품이다

작은 빛 상자
가방 속, 주머니 속, 책상 위를 들락이며
길을 밝혀주는 나침반 된다

손끝의 백과사전
정보와 지식을 삼키는 짐꾼 되어
시공간을 가로지르며
동반자로 바쁘다

가족 친지 지인은
사진 속에서 살아 웃고

목소리는 파도처럼 출렁이며
그리움은 화면 가득 번진다

따르릉 딩동
울림의 파장은 심장을 두드려
마음을 설레게 하고
희망의 등불로 반짝인다

빛을 품은 핸드폰
삶과 세상의 길잡이 되어
내 곁에서 살아 움직인다

들꽃 노래

하늘을 올려다 인사하고
바람 스치면
냇물을 머금어 시원하다

땅과 산, 들녘뿐 아니라
콘크리트 틈 고랑에도 뿌리내려
햇빛과 바람, 바다를 불러
목을 축이며 고개 들어 손짓한다

다소곳이 웃다 들키면 고개 숙이고
꺾이면 흰 눈물 주르르 반짝이며
밟히면 납작 엎드려 아파한다

그러나 중생을 만나면
노래 부르며
희망과 기쁨의 불씨를 남긴다

천차만별의 들꽃
아름다움은 사랑의 메신저로 피어나

징검다리를 건너는 삶
그것은 곧 나의 자화상이다

물안개 핀 대청호

구름은 호수의 숨결을 고르고
은빛 물결, 바람 불러 속삭인다

푸르락 파르락
물새 춤추고

은행잎 손짓에
빈 나룻배는 세월을 품는다
솜털 구름은 산 너울 따라
그림자로 번진다

물안개 돌담길
발자국 따라 출렁이는 물결
하늘빛 다리 놓아
호수와 나란히 선다

대청호
그 고요한 아름다움에
나는 취한다

유월의 꽃편지

햇살은 유월의 찬란함을
강물 위에 띄우고

보조개 웃음, 가을 어귀에 걸리면
가로수에 흩날린 꽃 편지는
너울너울 꽃바람 되어
고운 한지에 사랑 노래 물들인다

향기 어린 은하의 뽀얀 얼굴
웃음 자국 짙어지면

별빛 어린 밤바다에
그리움 띄우는
유월의 엽서 한 장

코스모스 노래

여름 기세 꺾이고
샛바람 춤추며 문턱 넘어
가을이 미소 짓는다

풍년의 가을
하늘의 보물 바람길 불러오고
둥근 얼굴 햇살 머금어
길 위에 노래로 핀다

부드러운 꽃잎
고향 되어 가느다란 줄기에 스며
가슴 깊이 그리움 심는다

옹기종기 모여든 코스모스
도란도란 꽃술 웃음 속에
내 얼굴이 비친다

달빛 머문 꽃수레
굳건히 서서

넓고 깊게 뿌리 내려
마음을 장식한다

가을 기도

들녘의 황금물결은
한 해의 수고를 안아 열매가 되고
아낙의 굵은 땀방울은
사랑의 이름으로 익어갑니다

풍요 속에 교만치 않게 하시고
빈 들판의 쓸쓸함에도 절망치 않게 하소서
산들바람이 꽃길을 스쳐 가도
그 길 위에서 감사의 노래 잃지 않게 하소서

내가 가꾼 정원마다
꽃은 기도로 피어나고
열매는 사랑으로 맺혀
세상에 작은 빛이 되게 하소서

푸른 하늘빛은 강물 위에
맑은 물결을 잇고
새 생명의 씨앗은
내년 들판의 화음으로 이어져

풍년의 소식 전하게 하소서

고개 숙여 가을 문턱에 서서
겸손과 감사, 사랑으로
살아가게 하소서

신록에 깃든 삶

보름달은 샛바람 초대 받아
구름을 불러 모으고

아름다운 신록과 정답게 속삭인다

푸른 숲길
산 너울에 젖어
하늘 파도에
내 숨결을 심는다

고개 너머 냇물
기지개 켜듯 오솔길 따라
도란도란 흐르니

내 삶은 어느새 길목의 안내자 되어
뿌리 깊이 내려앉는다

3부
그림자 너머의 평화

그 집 앞

차가운 달빛 아래
별빛은 고요히 떨린다

창가에 맺힌 서리
잠시 머물다 흩어지고
공원 모퉁이엔
발자국 하나 고요히 남는다

회색 비둘기 날개 스치며
솔바람이 하늘을 흔든다

평화가 가슴에 스며
기도 같은 묵상이 번져간다

집 앞 눈꽃 사이로
주마등이 스치고
울타리엔 흰 꽃망울
미소처럼 맺힌다

기다림

이슬 머금은 쓸쓸함
낙엽 바람의 한숨을 움켜쥐어
창공의 여운을 물들인다

사라진 계절의 향기
멀어진 발자국의 메아리 속에서
시간은 잔잔히 흐른다

꽃바람은
음률의 아쉬움을 감싸안아
저물녘 노을빛에 젖고

마음 한켠에는
아직 오지 않은 봄을
조용히 품은 채
끝내 기다림이 된다

술래 꽃

어둠을 기다려
살포시 내민 그리움
밤바람 안고 피어난다

별빛은 창공을 뚫고
월계수 놀이에 바쁘고

달빛은 고요 속에 고개 들어
세상을 아우른다

위풍당당한 술래 꽃
찬란한 금빛 결로
밤하늘을 수놓는다

마지막 손짓

헐떡이는 숨결 속
두려움의 그림자 스며들고
향심에 맞춰 졸고 있었다

찌르는 여음의 아픔
터널 같은 고통 속
감긴 눈 위로 맺힌 이슬
서럽다

은하의 섬광을 끌어안고
마지막 손짓으로
사라져 간 벗

꽃님
언제 다시 만날까
조금만 더
곁에 있고 싶었는데

속삭임

시냇물은 알알이 노을을 안고
산울림은 둥글게 번져
부챗살 낚아 나래 치며
창공을 매만진다

그 속삭임 가득한 동산
바람의 손끝이 나뭇잎을 스치고
햇살은 미소처럼 번진다

나는 그 자리에
조용히 마주 앉아
세상의 숨결을 듣는다

바람 나그네

마주 앉은 소슬바람
소꿉놀이에 젖어
세월의 흐름을 잃는다

살랑이는 선녀의 뒷모습
그 매혹에 이끌려
천 리 길 나그네 되어 떠난다

언덕 너머
바람의 발자국 흩어지고
그 길목에서
나는 사람의 덧옷을 입는다

허공에 남은
바람의 체온을
손끝으로 더듬으며

메아리

평행선 알람
거품을 품어
장막의 침상에 부딪친다

잘잘 매달린 전율
스크린에 닿아
빛처럼 이지러진다

잠시
모든 소리가 멈춘다
그러나 그 침묵마저
또 하나의 울림이 되어 돌아온다

망부석 같은 메아리
끝없이 돌고 있다

그리움

솟구친 푸르름
그리움의 골을
엷게 비춘다

세월은 잊힌 자국들을
자꾸만 낚아 올린다

포개 올린 넋을 안고
삼라만상은
심금을 울리며
휘청임을 불러온다

창공은 온 누리를 끌어안고
고즈넉이 눈을 감는다

바람 타고 가네

속삭임은 봇짐에 실려
굴렁굴렁 나들이에 오른다

숨은 봉우리마다
환상의 불빛 휘감아 내리면

조아린 귓속 터널에
찰나의 머무름
빛나며 스친다

그대
어느 이를 따라
반기며 떠나는가

화장터에서

가쁜 숨 몰아쉬던 바람도
이곳에서는 넋을 놓는다

설령 화산이 폭발해
용암이 넘실댄다 한들
가슴속 한의 불길만 할까

다시는 되돌아올 수 없는 길
홀로 떠나는 먼 길에
회색 가루 한 줌 남아

아픈 가슴 움켜쥔 채
살가운 이승의 인연에
작별을 고하면

이내, 흐느끼던 바람도
다소곳이
풀꽃으로 흔들린다

노을

서쪽 하늘 곱게 물들이는 너
붉은 볼인가
보고 싶은 내 임인가

하늘에도 땅에도
그리움 가득 안고
머나먼 허공 속으로 빨려 든다

무창포의 붉은 노을빛
어디로 사라졌나

너른 바다
몸과 마음을 품고
고요히 잠이 드는가

졸음

밀폐된 숲속
어두운 터널을 뚫고 간다

호젓한 길 아래
흔들림을 안은 보금자리

삼라만상 앞다투어
푯대처럼 솟아오르니

찬란할수록
눈꺼풀 섬광이 그립다

향수

풀내음, 들꽃 향기에
흠뻑 취한 오후

이랑마다 나른한 햇빛 세례
뭉게구름만 신이 난다

동면에 숨죽였던
그리움 한 조각 불러와

싱그러운 들꽃길로
나들이나 떠나볼까

산 바캉스

골짝에 쉬어가는 신록
청춘을 만나 찬란히 속삭이고

달아오른 볼은 붉게 물들어
부챗살 신선 바람을 일으킨다

햇빛은 들락날락
땀방울 스치며
중복의 더위를 달래고

푸르락 파르락 참새
고개 들어 째작째작
콕콕 웃음으로 인사한다

삼라만상은 순례자의 기도 모아
반짝이며

줄줄이 누운 삶의 끝자락
그리움에 젖는다

여름 잎새 바람

춤추는 잎새에 바람이 속삭이니
구름은 살며시 내려와 물장구친다

누리 놀이에 바쁜 얼음을 깨워
영혼을 사랑으로 채우고
술술 부는 바람은 무지개를 다독인다

하얀 구름은 땅 위에
긴 그림자를 수놓아
노을의 걸음을 재촉하며 웃는다

팔랑팔랑 샛바람
나들이 옷자락을 스치며
마음속까지 빗질한다

여음의 그리움은
하늘빛 사다리 되어
여름 잎새의 낮잠을 흔들어 깨운다

들꽃

콘크리트 틈의 좁은 고랑에도
들꽃은 뿌리를 내리고
햇빛과 바람, 먼바다를 불러
목을 축이며 손짓한다

조용히 피어 웃다가
발길에 닿으면 고개 숙이고
꺾이면 흰 눈물을 흘리며
밟히면 납작 엎드려 신음한다

그러나 사람을 만나면
노래가 되어
희망과 기쁨의 불씨를 건넨다

수많은 들꽃
사랑의 메신저로 피어나
삶의 징검다리를 건너는 일
그 노래 끝에 내가 서 있다

배롱나무

하얀 꽃망울 너울져 앉아
하늘을 우러른다

붉은빛 기둥, 소담히 둘러서서
대롱대롱 정겹게 매달린다

성모 동산 소슬바람 따라
기도의 발자취 디디면
물결 춤추는 호수에
방긋 웃음 번진다

쏴쏴 분수 소리
목을 축이며 이슬방울 부르면

한여름 배롱나무
거센 비바람 이겨내고
저녁노을 붉게 물든다

우주를 품은 별빛

별빛은 깊은 밤을 밝혀
끝없이 우주로 흐른다

정성 들여 키운 새싹
우주의 품에 안겨 춤추고

푸른 하늘 빛나는 별처럼
너의 눈빛은 희망을 전한다

험난한 길, 함께 서서
마침내 꿈의 문을 열면

한 걸음 한 걸음
기적의 울림은 힘을 모아
끝없이 뻗어 나간다

네가 걷는 길마다
별빛의 축복 머물고
사랑의 손길 드리워
너의 삶을 밝히리라

평설

신앙의 숨결로 끌어올린 영혼의 고요와 아름다운 생명의 노래

김 숙 자
교육학박사/문학평론가

1. 시의 수사학과 생명의 언어

시의 언어는 우리의 일상적인 언어 용법만으로는 충분히 이해할 수 없다. 시가 다른 문학 장르와 구별되는 점이 있다면, 시의 언어는 일상적인 언어의 규범을 따르지 않는다는 데 있다. 시는 극단적으로 말하면 대상이 없어도, 의미가 없어도 존재할 수 있다. 이러한 점이 산문과 시를 뚜렷하게 구분 짓는 기준이 된다.

그렇다면 시인들은 왜 언어를 왜곡하듯 사용하는 데 그렇게 큰 노력을 기울이는 것일까? 바로 합리성이 중시되는 이 시대에 무엇보다 '정확한 말'이 요구되기 때문이다. 그러나 그것만으로는 부족하여, 사람들은 간략한 기호와 공

식에 의존하기까지 한다. 말의 오해가 낳은 폐해는 얼마나 큰가? 조사 하나를 두고 치열하게 다투는 모습을 흔히 볼 수 있다.

이처럼 시인은 시대의 흐름을 거스르는 존재처럼 보일 수 있으나, 혼란스럽고 이해하기 어려운 말을 나열하는 데 그치지 않는다. 짧은 시 한 줄로도 수많은 이들에게 깊은 감동과 매력을 줄 수 있는 것이 시의 언어가 가진 힘이다. 그래서 시의 언어는 일상의 언어만으로는 결코 다 담아낼 수 없다. 말로는 도저히 표현할 수 없는 세계를 감히 언어로 표현하는 이들이 바로 시인이기 때문이다.

시인은 일상적인 언어에 갇혀 있는 세계를 과감히 해체하고, 그 너머의 세계를 펼쳐 보이는 이들이다. 이것을 가능하게 하는 것이 시의 수사학이며, 이춘자 시인만의 고유한 언어이기도 하다. 시에서 수사학은 주로 은유와 환유를 중심으로 시적 기호에 주목하고, 그 기호들이 파생하는 이미지들을 확장해 나간다. 이것이 바로 환유가 지닌 시적 매력이다.

이춘자 시인의 시 속에서도 이러한 은유와 환유의 기법이 적절히 활용되고 있으며, 그로 인해 독자들은 더욱 풍성하고 다층적인 의미 세계를 경험할 수 있다.

2. 영혼의 고요와 빛의 자리

이춘자 시인의 첫 시집 《빛의 안쪽》이 말하고자 하는 바는, 보이지 않는 곳에서 피어나는 생명의 언어들이다. 이 시집은 빛이 스며드는 내면의 풍경을 탐색해 가는 고요한 빛의 여정이며, 시인은 들꽃과 바람, 물안개와 어머니의 손길 같은 세상의 가장 낮은 빛을 통해 '존재의 진실'을 비추고자 한다. 여기서 말하는 빛은 단지 눈에 보이는 외형적 밝음이 아니라, 마음으로 감지되는 은은한 신앙의 빛이다.

이춘자 시인의 시는 대부분 이러한 내면의 빛을 따라 우리 가슴 깊숙이 스며들며, 영혼의 속살까지 파고든다. 《빛의 안쪽》에 수록된 시편들은 인간의 고단한 일상에서 발견된 '나만의 평화'이자, 사라짐과 머무름, 곧 빛과 그림자 사이를 관통하는 묵상의 기록이다.

시인은 겉모습이 아닌 본질을 통해 '시가 도달하고자 하는 자리', 곧 '빛의 자리'를 모색한다. 시집 전체는 조용히 마음의 커튼을 열고, 우리 안에 빛을 들이려는 시인의 내적 움직임으로 채워져 있다. 이 안에서 시인은 세상의 화려한 외면보다는, 그 이면에 숨어 있는 작은 떨림 같은 사랑의 빛을 노래한다.

이 시집에서 '시'는 곧 '빛의 신앙적 은총'이며, 삶의 어둠을 통과해야만 만날 수 있는 진실의 부활이다. 바람, 들꽃, 노을, 어머니의 밥상 등 일상의 이미지들은 모두 '빛의 내면'을 비추는 거울처럼 작용한다. 이 시인은 이 시편들을 통해 조용히 독자에게 묻는다. "당신의 빛은 지금 어디에 머물고 있는가?"

《빛의 안쪽》은 각박한 시대 속에서 잊혀 가는 고요한 영혼의 언어를 되살리고, 신앙의 깊이와 치유의 복원을 이루려는 시적 여정이다. 시인의 시에 스며 있는 주제들은 한결같이 자연과 신앙, 모태에 대한 그리움, 생명의 소멸과 생성, 인간 존재의 근원적 질문을 다룬다. 그 모든 것들은 섬세한 언어로 길어 올린, 영혼의 옹달샘과도 같다.

화려한 언어나 격렬한 감정보다는 "빛이 스며드는 안쪽의 고요"를 응시하는 시인의 시선 속에서, 아름다운 들꽃이 피어나고, 어머니의 손이 움직이며, 바람이 기도하듯 지나간다. 이춘자 시인은 결국 '빛이 시작되는 자리'에서 자연과 신의 창조적 숨결을 노래하고 있다.

3. 본질을 향해 찾아가는 빛의 자리

환유란 한 사물이나 개념을 그것의 속성을 지니거나 그것과 연관되어 있는 다른 사물이나 개념의 이름으로 부르는 수사법이다. 일찍이 《변론술 교본》을 통해 수사학의 기초를 다진 로마의 퀸틸리안은 환유를 다음과 같이 정의하였다. 곧, 용기로서의 내용물, 행위자로서의 행위나 물건, 원인으로서의 결과, 연관된 대상으로서의 소유자나 사용자를 지칭하는 방식 등으로 환유가 나타난다는 것이다.

그렇다면 이춘자 시집 《빛의 안쪽》에서 나타나는 환유적 표현들을 면밀히 살펴볼 필요가 있다. 그의 시 속 환유는 단순한 언어 기교가 아니라, 사물과 생명, 그리고 신앙을 서로 연결하는 상징적 다리 역할을 하고 있다. 바람, 꽃, 노을, 어머니의 손길 같은 일상의 소재들은 저마다 본래의 지시 대상 너머에서 더 깊은 의미를 드러내며, 결국 '빛의 본질'로 우리를 이끌어간다.

이러한 환유적 표현은 시인이 지향하는 세계관을 드러내는 동시에, 독자에게 익숙한 사물을 통해 낯선 영적 차원으로 들어서게 하는 통로가 된다. 곧 이춘자 시인의 시에서 환유는 본질을 향해 다가가는 언어적 발걸음이며, '빛의 안쪽'을 탐색하는 시적 사유의 방법론이라 할 수 있다.

꽃잎에 말을 건네면
미소가 번지고

바람에 속삭이면
하늘은 길을 열어 준다

사랑 속에 심은 꿈은
빛을 따라 호수에 비치고

산들바람은 흔들리며
저녁노을을 고이 안는다

_〈첫 숨〉 전문

위 시는 생명 탄생의 찰나를 자연의 호흡과 사랑의 언어로 섬세하게 포착한 작품이다. 시 〈첫 숨〉은 '존재의 시작'을 상징하며, 시 전체는 그 '처음의 호흡'이 어떻게 세계와 소통하며 빛으로 확장되는지를 하나의 서정적 순환으로 보여준다.

첫 연 "꽃잎에 말을 건네면/ 미소가 번지고"에서는 생명의 교감이 시작되는 장면이 그려진다. 꽃잎은 순수한 존재의 표상이며, 그에게 말을 건넨다는 행위는 세계와의 첫 대화이다. 이에 대한 응답은 '미소'라는 부드러운 감정으로 돌아온다. 시인은 언어가 아니라 감응으로 이루어진 세계를 그리고 있으며, 여기서 자연은 인간의 감정에 호응하는 살아 있는 존재로 형상화된다.

"바람에 속삭이면/ 하늘은 길을 열어준다"는 구절은 첫 연의 연장선에 있다. '속삭임'은 내밀한 기도의 언어이고, '하늘이 길을 연다'는 것은 그에 대한 응답의 은유다. 시적 화자의 세계는 닫힌 실존이 아니라 사랑과 신뢰를 매개로 한 열린 공간이다. 바람과 하늘은 서로 응시하며 소통하는 존재들로서, 인간과 신, 혹은 존재의 초월적 관계를 함축하고 있다.

셋째 연 "사랑 속에 심은 꿈은/ 빛을 따라 호수에 비치고"는 이 시의 중심부에 해당한다. '사랑 속에 심은 꿈'은 미래의 가능성이자, 사랑의 토양 위에 심어진 생명을 의미한다. 그것이 '빛을 따라 호수에 비친다'는 것은, 그 꿈이 현실의 표면 위로 드러나 반영되는 순간이다. 여기서 '호수'

는 내면의 거울이며, '빛'은 그 위에 진실을 새긴다. 이 장면은 자연과 내면, 현실과 이상이 조화롭게 겹치는 시적 합일의 순간이다.

 결국 이 시는 '말 걸기→응답→빛의 반영→포용'이라는 순환 구조를 통해 생명의 첫 숨이 자연과 사랑 속에서 완성되는 과정을 보여준다. 시인은 자연의 언어를 통해 인간의 탄생과 관계의 시작, 그리고 사랑의 본질을 노래한다. 언어는 단순하면서도 투명하며, 이미지의 흐름은 고요한 호흡처럼 잔잔히 이어진다.

> 꽃바람에 스민 침묵
> 봄 눈꽃은 어디로 스러질까
>
> 가지 끝에 앉은 꽃눈
> 솜털 같은 숨결이 내려
> 낮과 밤을 뒤섞는다
>
> 바람이 불어오면
> 그도, 나도
> 잠시 하나의 소망이 된다
>
> 촛불 하나 피어올라
> 마음 깊은 곳을 지킨다
>
> _〈침묵〉 전문

이 시는 소리 없는 자연의 움직임 속에서 피어나는 내면의 울림을 섬세하게 포착한 작품이다. 시 〈침묵〉은 단순히 고요한 상태를 뜻하지 않는다. 오히려 그것은 존재의 가장 순수한 언어이자, 말 이전의 기도로 기능한다. 시인은 봄의 풍경을 배경으로 '침묵'이 생명과 감정, 그리고 소망의 형태로 어떻게 번져 가는지를 시적 호흡으로 보여준다.

 첫 연 "꽃바람에 스민 침묵"은 시 전체를 관통하는 정조를 단숨에 드러낸다. '꽃바람'이라는 따스한 움직임 속에 '침묵'이 스며 있다는 역설적 표현은, 봄의 생동감과 정적이 동시에 존재함을 암시한다. 봄의 바람이 피워 올리는 것은 환희가 아니라 조용한 떨림이다.

 "봄 눈꽃은 어디로 스러질까"라는 구절은 소멸에 대한 내적 묵상을 드러낸다. '봄눈'은 피고 지는 생명의 찰나를 상징하며, 시인은 그 덧없음 속에서 존재의 근원을 조용히 묻는다.

 이어지는 "가지 끝에 앉은 꽃눈/ 솜털 같은 숨결이 내려/ 낮과 밤을 뒤섞는다"에서는 시각과 촉각, 시간의 경계를 흐리며 '침묵'이 퍼져 나가는 감각의 풍경이 그려진다. 꽃눈과 솜털, 숨결과 뒤섞인 시간은 감각의 환유를 통해 자연의 섭리를 감성적으로 환기한다.

 "바람이 불어오면/ 그도, 나도/ 잠시 하나의 소망이 된다"는 구절은 존재 간의 경계를 허무는 순간이다. '그도, 나도'라는 병치 속에 인간과 자연, 객체와 주체의 구분은 무화되며, 침묵은 동일한 소망의 언어로 승화된다.

마지막 연 "촛불 하나 피어올라/ 마음 깊은 곳을 지킨다"는 시의 결구이자 내면의 정화 장면이다. '촛불'은 어둠 속의 빛이자, 침묵 속에서 피어나는 영혼의 목소리이다. 시인은 외부 자연에서 출발해 점차 내면으로 침잠해 들어간다. 촛불의 작은 불빛은 언어 이전의 기도이며, 그 불빛이 마음을 지킨다는 말은 침묵의 본질이 '보존'과 '기도'의 에너지임을 보여준다.

> 들녘 술래 뜀틀 위로
> 뭉게구름이 흔들리고
>
> 달콤함을 깨운 한낮
> 온통 풍요의 설렘이 번진다
>
> 속삭임은 샛바람을 불러
> 신명 나게
> 구름은 나그네로 떠난다
>
> _〈구름 나그네〉 전문

이 시는 구름을 통해 자유와 생명의 경쾌한 리듬을 그려낸 작품이다. 시인은 자연의 한 장면을 포착하되, 단순한 묘사에 머물지 않고 그 속에 깃든 움직임의 에너지, 즉 삶의 유희성과 해방감을 '나그네'라는 존재로 형상화한다.

첫 연 "들녘 술래 뜀틀 위로/ 뭉게구름이 흔들리고"는 시의 세계를 열어젖히는 유쾌한 서두로, 해방감을 담고 있다. '들녘 술래 뜀틀'이라는 표현은 어린 시절의 놀이터와 들판의 활기를 결합한 탁월한 비유로, 자연을 인간적 감각 속으로 끌어들이는 시인의 감수성이 돋보인다. '뭉게구름이 흔들린다'는 구절은 단순한 풍경 묘사처럼 보이지만, 사실 하늘과 땅이 교감하는 생명의 율동을 암시한다. 구름은 단지 머무는 존재가 아니라, 움직이며 세계를 흔드는 리듬의 매개체이다.

둘째 연 "달콤함을 깨운 한낮/ 온통 풍요의 설렘이 번진다"는 시의 정서를 더 많이 확장한다. '달콤함을 깨운 한낮'은 감각이 절정에 이른 생명력의 순간이다. 이 한낮은 단지 밝은 시간이 아니라, 풍요와 설렘이 공기처럼 퍼지는 시간이며, 모든 존재가 깨어나는 찰나이다. 시인은 이 한낮을 감각의 향연으로 형상화함으로써, 시의 중심 정조를 '풍요 속의 경쾌한 자유'로 응집시키고 있다.

셋째 연 "속삭임은 샛바람을 불러/ 신명 나게/ 구름은 나그네로 떠난다"는 결구로 시의 운동감이 완결된다. '속삭임'은 미세한 자연의 목소리이며, 그것이 '샛바람'을 부추긴다는 표현은 미묘한 감정의 떨림이 생명의 큰 움직임으로 확장되는 과정을 보여준다.

이 시는 궁극적으로 자연 속에서 인간이 다시 태어나는 찰나, 그 초록빛 재탄생의 순간을 노래하고 있다. 자연과 함께하는 경쾌한 생명의 리듬 속에서, 시인은 구름처럼 자유롭고 풍요로운 영혼의 여정을 그려낸다.

별빛은 깊은 밤을 밝혀
끝없이 우주로 흐른다

정성 들여 키운 새싹
우주의 품에 안겨 춤추고

푸른 하늘 빛나는 별처럼
너의 눈빛은 희망을 전한다

험난한 길, 함께 서서
마침내 꿈의 문을 열면

한 걸음 한 걸음
기적의 울림은 힘을 모아
끝없이 뻗어 나간다

네가 걷는 길마다
별빛의 축복 머물고
사랑의 손길 드리워
너의 삶을 밝히리라

_〈우주를 품은 별빛〉 전문

위의 시는 제목에서 이미 알 수 있듯이, '별빛'을 단순한 천체적 이미지로 그리지 않고 희망과 사랑, 그리고 인간 존재의 무한한 가능성으로 확장한 작품이다. 이 시인은 별빛을 통해 우주적 시야 속의 인간, 즉 작지만, 빛나는 생명으로서 인간의 존엄과 꿈을 노래하고 있다. 전체적으로 이 시는 영혼의 찬가이자 구원의 선언, 그리고 우주적 차원의 축복 시라 할 수 있다.

첫 연의 "별빛은 깊은 밤을 밝혀/ 끝없이 우주로 흐른다"는 구절은 시의 정조를 여는 인트로이자 시 전체의 상징적 배경이다. '별빛'은 어둠 속에서 피어나는 희망의 은유이며, '깊은 밤'은 인간의 시련과 한계를 상징한다. 그러나 시인은 '별빛이 흐른다'고 표현함으로써, 빛이 단순히 정지된 점이 아니라 움직이는 생명체, 즉 희망이 전진하는 힘임을 드러낸다. '끝없이 우주로 흐른다'는 말은 시공간의 경계를 초월한 존재의 에너지, 그리고 생명과 꿈의 무한한 확장성을 암시한다.

둘째 연의 "정성 들여 키운 새싹/ 우주의 품에 안겨 춤추고"는 우주적 차원으로 확장된 생명의 미학을 보여준다. '정성 들여 키운 새싹'은 인간의 노력과 사랑의 상징이며, '우주의 품에 안겨 춤춘다'는 구절은 그 사랑이 개인을 넘어 자연과 우주 전체와의 조화로 나아감을 뜻한다. 시인은 작고 사소한 인간의 행위조차도 우주적 생명의 순환 속에서 의미를 얻는다고 말한다. 이 대목은 소우주로서의 인간을 드러내며, 인간 존재의 고귀함을 천체의 이미지로 승화하고 있다.

셋째 연 "푸른 하늘 빛나는 별처럼/ 너의 눈빛은 희망을 전한다"는 구절에서는 별과 인간의 눈이 서로 닮은 존재로 병치 된다. '너'라는 존재가 품은 눈빛이 곧 희망의 전달자로서 기능하며, 이는 별빛이 밤하늘을 밝히듯 한 인간의 존재 역시 세상에 의미 있는 빛이 될 수 있음을 전한다.

넷째 연과 다섯째 연에서는 현실의 고난과 험난한 여정 속에서도 함께 걷는 믿음과 연대가 강조된다. "기적의 울림은 힘을 모아/ 끝없이 뻗어 나간다"는 표현은 단순한 바람이 아닌 실제적 희망의 실현 가능성을 시사한다.

마지막 연은 이 시의 클라이맥스이자 마무리로, "네가 걷는 길마다/ 별빛의 축복 머물고/ 사랑의 손길 드리워/ 너의 삶을 밝히리라"는 선언은 신앙적 축복과 존재적 헌신이 결합한 궁극의 희망 메시지라 할 수 있다.

이처럼 이춘자 시인의 시에서 나타나는 시적 이미지들은 어떤 논리적인 통일성 없이 이어지고 있다. 여기에서의 시적 기호들은 앞선 기호와 끊임없는 매개 고리를 형성하면서 이미지를 형성해 나간다.

이러한 원리를 통해 우리는 더 이상 은유 중심, 혹은 상징 중심으로만 시를 해석해서는 안 된다는 것을 알 수 있다. 물론 어떤 시들은 그 시어가 상징하고 있는 시의 의미를 깊이 생각하고, 시의 전체적인 통일성을 고려하여 해석해야 한다. 그러나 어떤 시들은 오히려 시적 기호 자체가 만들어내는 '미끄러짐'에 주목하여 살펴야 한다. 특히 오늘날 현대시에서는 이러한 경향이 매우 두드러지고 있다.

4. 이춘자 시에서의 환유와 서정성

흔히 시에서의 환유는 '물질성'의 측면에서 논의되고 있다. 슈라이퍼는 《수사학과 죽음》에서 환유를 아주 독특하게 설명한다. 그는 담론의 물질적 토대에 관심을 가지면서, 기호의 물질성이라는 측면에서 환유를 정의한다.

그가 말하는 물질성이란, 자본주의 사회에서 부각된 물신화(物神化)와 소외 현상 등을 아우르는 것으로, 그 언어 기호가 물질성에 지배될 때, 기호들은 본질적이고 상징적인 의미를 상실하게 된다는 것이다.

그렇다면, 이춘자 시인의 시 중에서 정신적 의미가 부각되는 시 한 편을 다시 한번 음미해 보기로 하자.

얼굴은 둥근 달빛
몸매는 동실동실
꽃을 사랑하는 여인
누가 보아도 복덩이 내 대녀

삶의 흔들림 속에서도
외나무다리 한 발 한 발

굳세게 건너온 마음

그 몸고생은
주님 만남으로 바뀌어
오색 구슬처럼 반짝인다

_〈내 대녀〉 전문

위의 시는 한 사람을 향한 따뜻한 애정과 신앙의 시선을 담은 인간적 찬가이자 영적 증언의 시다. 이 시인은 '대녀'(代女, 세례받을 때 대부모와의 관계에 있는 여자아이)를 향한 깊은 애정을 바탕으로, 그녀의 외적 아름다움과 내면의 신앙 성숙을 동시에 포착해 낸다.

시 전체는 소박하지만, 진실한 마음으로 엮인 사랑의 기록이며, 인간의 연민이 어떻게 신앙의 빛으로 변모하는지를 섬세하게 보여주고 있다. 첫 연의 "얼굴은 둥근 달빛/ 몸매는 둥실둥실/ 꽃을 사랑하는 여인/ 누가 보아도 복덩이 내 대녀"는 시적 대상의 외형적 아름다움과 성품을 해학과 애정이 뒤섞인 눈길로 그려낸다.

'둥근 달빛'이라는 비유는 순결하고 온화한 인상을 전하며, '둥실둥실'이라는 의태어는 인간적인 따스함과 친근함을 더해준다. "꽃을 사랑하는 여인"은 그녀의 감성이 자연과 조화되어 있음을 암시하고, '복덩이'라는 표현에는 단순한 사랑을 넘어 축복의 존재로 바라보는 시인의 영적 시상이 담겨 있다.

    결국 이 시에서 '내 대녀'는 사랑스러운 존재의 초상인 동시에, 삶의 고난을 신앙으로 이겨내며 영혼의 빛을 품게 되는 존재다. 짧지만 완결된 구조의 서사시라 할 수 있으며, 시인의 언어는 따뜻하고 투명하다. 사랑의 시선은 현실과 영성을 자연스럽게 포개어, 독자가 조용히 되묻게 만든다.

    뭉게구름은 세월의 주마등을 안고
    꿈과 희망을 실었으나
    이마 주름은 불안으로 뒤숭숭했다

    그대는 그림자처럼 감시하는 눈빛
    돌아보면 내 삶은 망부석처럼 굳었다

    안개가 세월을 덮어도
    마음은 살아 있어 내달리고
    치닫는 앙상블 같은 존재

    돌아보면, 그 모든 세월
    턱을 오르내린 사랑이었다

    검은 머리 파뿌리 되도록
    그는 그림자, 나는 꽃

사랑을 심으며 살았다

숱한 세월 이열치열 견디며
공작처럼 날개를 활짝 펴고
만고풍상의 자리를 익혔다

얼그렁절그렁
한 발 한 발 내디디며
찬란한 빛으로
인생의 자리를 메운다

_〈빛으로 메우는 자리〉 전문

이 시는 인간이 삶의 긴 여정을 통과하며 겪는 세월의 고단함과 사랑의 지속, 그리고 궁극적인 내면의 빛을 형상화한 작품이다. 시인은 삶의 어둠과 무게를 외면하지 않으면서도, 이를 '빛으로 메운다'는 역설적 결말을 통해 고통을 견디며 사랑으로 승화된 인간 존재의 숭고함을 드러낸다.

첫 연에서 "뭉게구름은 세월의 주마등을 안고/ 꿈과 희망을 실었으나/ 이마 주름은 불안으로 뒤숭숭했다"라는 구절은 인생의 출발점, 혹은 젊은 날의 초상을 보여준다. '뭉게구름'과 '세월의 주마등'이라는 이미지의 결합은 시간의 덧없음과 흐름의 상징이다. 청춘의 꿈과 희망이 있었으나, 현실은 '이마 주름'이라는 구체적이고 신체적인 흔적으로 남는다. 시인은 이 구절을 통해 이상과 현실 사이의 긴장을 드러내며, 그 어긋남이야말로 인간 존재의 본질임을 암시하고 있다.

위의 시에서 보듯, 환유는 더 이상 인간의 정신세계가 아닌 물질세계를 통해 드러난다. 또한 그 물질세계는 인간의 관점에서 해석된 것이 아니라, 그 자체로 시적 기호가 된다. 이춘자 시인의 시 〈빛으로 메우는 자리〉는 이러한 환유적 글쓰기의 특성을 잘 반영하고 있다.

이 시는 도심 속 정서적 방황과 삶의 길 찾기 과정을 통해 인생에 대한 중요한 통찰을 제시한다. 예컨대, 시 속에서 '진로'라는 기표가 다양한 의미를 파괴하며 확장되는 양상은, 기호의 물질성에 주목한 결과다. 이처럼 은유에만 의존하는 방식으로는 시를 충분히 이해하기 어렵고, 기호 그 자체의 물성을 인식해야 함을 시인은 암시하고 있다.

요컨대, 이 시는 삶의 구체적이고 물리적인 경험 속에 깃든 존재의 진실, 사랑의 빛, 고통의 연금술, 그리고 신앙의 내면성을 복합적으로 보여주는 작품이다. 시는 단순히 감정을 전달하는 수단이 아니라, 사물과 세계의 질료를 통해 새로운 진실의 얼굴을 제시한다.

가쁜 숨 몰아쉬던 바람도
이곳에서는 넋을 놓는다

설령 화산이 폭발해

용암이 넘실댄다 한들
가슴속 한의 불길만 할까

다시는 되돌아올 수 없는 길
홀로 떠나는 먼 길에
회색 가루 한 줌 남아

아픈 가슴 움켜쥔 채
살가운 이승의 인연에
작별을 고하면

이내, 흐느끼던 바람도
다소곳이
풀꽃으로 흔들린다

_〈화장터에서〉 전문

  이 시는 '죽음의 현장'인 화장터를 배경으로, 삶의 덧없음과 이별의 숭고함, 그리고 남은 자의 애도를 절제된 언어로 형상화한 작품이다. 시인은 죽음을 직접적으로 묘사하지 않으면서도, 그 불길 속에서 인간 존재의 무게와 사랑의 잔향을 섬세하게 길어 올린다. 전체적으로 이 시는 죽음을 슬픔으로만 그리지 않고, 그것을 자연의 순환 속에 되돌려 보내는 '화해의 시'로 읽힌다.

  첫 연에서 "가쁜 숨 몰아쉬던 바람도/ 이곳에서는 넋을 놓는다"라는 구절은 이미 공기의 온도가 달라졌음을 예감하게 한다. '가쁜 숨'은 삶의 마지막 몸부림을, '바람'은 그 숨의 연장을 상징한다.

셋째 연의 "다시는 되돌아올 수 없는 길/ 홀로 떠나는 먼 길에/ 회색 가루 한 줌 남아"는 죽음의 현실적 장면이자, 이 시의 정서적 중심부라 할 수 있다. '다시는 되돌아올 수 없는 길'은 인간이 반드시 걸어야 하는 생의 종착점을 가리키며, '회색 가루 한 줌'은 존재의 압축된 잔여물이다.

〈화장터에서〉라는 이 시는 잿빛 자리에 피어난 생의 마지막 숨결이자, 죽음 이후에도 계속 흔들리는 사랑의 증언이기도 하다.

이 시는 다분히 '우울'을 주제로 한 시로서, 시적 기호들이 환유적 구성 원리에 따라 연결되고 있다. 이러한 기호들은 정서의 직접적 개입 없이, 객관적인 이미지들로 시를 구성한다. 이 시가 환유를 중요한 시적 구성 원리로 삼고 있다는 점은 주목할 만하다.

현대 사회에서 우울은 상실의 정서를 바탕으로 한다. 그것은 자연과 더 이상 동화될 수 없고, 대상에 대한 일체감을 상실한 근대적 삶에서 비롯된 정조다. 이 시에서 우울과 비애는 자아의 세계가 결코 외부와 합일될 수 없다는 현대적 절망을 환유라는 수사학을 통해 표현한 것이다.

이처럼 이춘자 시인의 〈화장터에서〉는 죽음과 이별, 우울과 화해의 감정을 '바람'과 '가루', '풀꽃' 같은 이미지들을 통해 환유적으로 구성한 탁월한 시적 성취라 할 수 있다.

5. 현대 사회와 시적 환유

환유는 서정시에 대한 태도, 세계관의 차이에 따른 언어 운용 방식으로 생각하면 될 것이다. 낭만주의로부터 리얼리즘을 거쳐 환유에서 다시 은유로 스타일 변화를 들 수 있는 것이다. 데이빗 로지는 이러한 이론을 현대문학에도 적용하였고, 환유에 더 주목하였다. 그러나 폴 드만이나 슈라이퍼는 현대문학에도 잘 적용하고 있는 환유에 더 주목하고 있다. 특히 슈라이퍼는 자본주의가 성숙한 시대인 모더니즘 시대의 담론을 결정짓는 수사학으로서의 환유를 내세우고 있다. 그것은 바로 현대 산업 문명이 끊임없이 인간을 소외시켜 왔고, 대상의 물화가 진행되어 왔기 때문에 이런 현상을 가장 두드러지게 표현한 장치가 바로 환유라고 보고 있기 때문이다. 다음 시는 환유를 통해 현대 사회에서의 인간 심리를 잘 드러내 주고 있다.

구름은 호수의 숨결을 고르고
은빛 물결, 바람 불러 속삭인다

푸르락 파르락
물새 춤추고

은행잎 손짓에

빈 나룻배는 세월을 품는다
솜털 구름은 산 너울 따라
그림자로 번진다

물안개 돌담길
발자국 따라 출렁이는 물결
하늘빛 다리 놓아
호수와 나란히 선다

대청호
그 고요한 아름다움에
나는 취한다

_〈물안개 핀 대청호〉 전문

이 시는 대청호를 배경으로 자연의 고요함과 인간의 내면적 정서를 섬세하게 교직한, 서경과 서정이 어우러진 합주 시다. 이 시인은 대청호의 아침 풍경을 단순한 묘사에 그치지 않고, 시간과 존재의 숨결로 확장해 간다. 물안개가 피어오르는 순간은 자연의 숨이며, 시적 화자의 영혼이 고요히 깨어나는 명상의 찰나로 그려진다.

둘째 연의 "푸르락 파르락/ 물새 춤추고"는 청각과 시각이 교차하는 짧고도 강렬한 이미지로, 대청호의 풍경은 고요하되 그 안에 끊임없는 생명의 진동이 숨겨져 있음을 보여준다. 결국 '물안개 낀 대청호'는 '자연의 호흡→생명의 리듬→시간의 흔적→존재의 합일'로 이어지는 시적 사유의 흐름을 담고 있다.

마지막 연의 "나는 취한다"는 고백은, 자연의 침묵 속에서 신의 숨결을 느끼는 순간의 찬미로 읽을 수 있다.

6. 시인의 아름다운 영혼의 뜨락을 나오며

이춘자 시인의 뜨락에서는 언제나 보이지 않는 곳에서 생명의 언어들이 조용히 꽃피고 있다. 그것은 겉모습이 아닌, 영혼의 본질을 향해 시인이 끊임없이 찾아 들어가는 '빛의 자리'라 할 수 있다.

그는 세상의 화려한 외면보다, 그 안에 숨어 있는 내면의 작은 떨림과 사랑의 빛을 노래하는 시인이다. 일상의 소소한 이미지들—별빛, 바람, 민들레, 목련, 어머니의 손길—은 모두 '빛의 내면'을 비추는 거울로 환유 되며, 그 안에서 자연과 신의 창조적 숨결이 되살아난다.

시인은 손끝에 묻은 작은 온기조차 놓치지 않는다. 그의 시선은 언제나 땅의 깊은 곳으로 울려 퍼지고, 그것은 곧 인간의 품에서 신의 손길로 이어지는 경지에 이른다. 이곳에서 '소멸'은 더 이상 끝이 아닌 '변형'이며, 부활의 여운 속에서 다시 피어나는 희망이 된다.

시인은 지는 꽃들을 두려워하지 않는다. 오히려 그 속에서 영혼의 평화를 응시하며, 빛에서 그림자로, 그림자에서 다시 빛으로 나아가는 순환의 시간을 받아들인다. 그의 뜨락은 보이는 빛에서 보이지 않는 빛으로 건너가는 여정이며, 그 여정의 자취마다 기도의 꽃이 피어난다.

　이춘자 시인은 빛의 가장 깊은 안쪽에서 삶의 본질과 사랑의 이유를 묻는 고요한 순례자다. 그의 첫 시집 《빛의 안쪽》은, 세상의 어둠 한복판에서 빛을 찾아 나가는 가장 맑은 울림의 기도이며, 아름다운 영혼의 뜨락에서 피어나는 평화의 꽃이라 할 수 있다.